LE MONUMENT

DU

GÉNÉRAL APPERT

DANS L'ÉGLISE DE SAINT-REMY-SUR-BUSSY

(MARNE)

CÉRÉMONIE DE L'INAUGURATION

26 NOVEMBRE 1891

CHALONS-SUR-MARNE

MARTIN FRÈRES, IMPRIMEURS-ÉDITEURS, PLACE DE LA RÉPUBLIQUE

—

1892.

LE MONUMENT

DU

GÉNÉRAL APPERT

DANS L'ÉGLISE DE SAINT-REMY-SUR-BUSSY

(MARNE)

CÉRÉMONIE DE L'INAUGURATION

26 NOVEMBRE 1891

CHALONS-SUR-MARNE

MARTIN FRÈRES, IMPRIMEURS-ÉDITEURS, PLACE DE LA RÉPUBLIQUE.

—

1892.

LA BONTÉ ET LA DOUCEUR S'ALLIAIENT MERVEILLEUSEMENT
AVEC LA FERMETÉ ET L'ÉNERGIE CHEZ CE LOYAL SOLDAT.
UNE RARE MODESTIE RELEVAIT SON MÉRITE.
SON NOBLE DÉSINTÉRESSEMENT FORÇAIT L'ESTIME
DE CEUX QUI L'APPROCHAIENT.
SERVIR LA FRANCE FUT LA PRÉOCCUPATION DE SA VIE
SANS QU'IL OUBLIAT JAMAIS CE QU'IL DEVAIT A DIEU.

LE MONUMENT

DU

GÉNÉRAL APPERT

DANS L'ÉGLISE DE SAINT-REMY-SUR-BUSSY

(MARNE)

I

Le *Journal de la Marne* publiait, dans son numéro du dimanche 29 novembre 1891, l'article suivant, que son correspondant de Saint-Remy-sur-Bussy lui avait adressé :

« On sait que M. le général de division Appert, ancien commandant de corps d'armée, ancien ambassadeur de France en Russie, décédé à Paris le 12 avril 1891, était né à Saint-Remy-sur-Bussy.

« La famille du général, qui n'avait pu prendre part au service funèbre célébré dans l'église de cette paroisse au lendemain des funérailles de l'illustre défunt, a fait célébrer jeudi dernier, dans cette même église, un second service où elle assistait tout entière. Malgré la saison avancée, Mme la Générale, ses filles, ses deux fils, qui continuent dans l'armée les brillantes traditions de leur père, et M. Dauphinot, son gendre, avaient voulu venir prier aux lieux mêmes ou était né le général.

« Leurs prières et leurs larmes rencontrèrent celles des habitants de Saint-Remy, qui s'étaient fait un devoir de venir, comme la première fois, honorer la mémoire de celui qui fut leur compatriote, maintes fois leur conseiller et leur bienfaiteur.

« Mme la Générale ne put cacher son émotion en présence de ce concours, et sur le cimetière elle remercia avec effusion tous les assistants.

« Après la messe, M. l'Archiprêtre de la Cathédrale de Châlons, qui avait voulu aussi, sur les instances de la famille, assister à cette seconde cérémonie, céda au désir de tous en entretenant encore une fois la pieuse assemblée du glorieux défunt.

« Son allocution, écoutée avec le plus vif intérêt, M. l'archiprêtre la renferma dans ces quatre mots gravés sur un monument fameux, celui de M. Thiers, au cimetière du Père-Lachaise : *Veritatem coluit, patriam dilexit.*
« Il a honoré la vérité, il a aimé son pays. » L'orateur, en interprétant cette devise, a montré d'une façon saisissante comment elle avait rencontré une application complète dans la vie du général Appert.

« La paroisse de Saint-Remy-sur-Bussy a fait voir une fois de plus, dans cette circonstance, comment elle savait honorer ses illustres concitoyens. »

Ce compte-rendu de la cérémonie du 26 novembre dernier était incomplet : à dessein, il ne mentionnait pas l'inauguration du monument du général Appert. Ce jour-là, cependant, avait été béni, après la messe, le monument élevé à la gloire du général.

L'autorisation de le poser, déjà accordée par l'autorité ecclésiastique, avait été demandée à l'Etat. On savait à l'avance l'accueil sympathique que le gouvernement ferait à cette ouverture : il s'agissait, en effet, de glorifier, par cette pierre commémorative, un des meilleurs serviteurs du pays.

Des raisons particulières ne permettaient pas à la famille d'en différer l'inauguration. Aussi, M. le Préfet de la Marne, préjugeant à bon droit l'autorisation ministérielle qui ne devait pas se faire attendre (1), avait-il permis de procéder à la cérémonie.

Avant de publier l'allocution de M. le chanoine Lucot, archiprêtre de Châlons, et le texte de l'inscription approuvé par l'autorité religieuse et par l'autorité civile, parlons du monument lui-même; le dessin en a paru dans l'*Illustration*, N° du 5 décembre dernier : le directeur de ce journal a bien voulu nous communiquer la planche gravée qui permettra à nos lecteurs de se faire une idée exacte du monument.

(1) Le décret signé par M. le Ministre de la Justice et des Cultes est du 29 décembre dernier.

II

Le monument consiste en une plaque oblongue de marbre blanc, scellée dans un pilier d'un des collatéraux de l'église. Le grand sculpteur rémois, M. René de Saint-Marceaux, est l'auteur de cette œuvre, d'une haute distinction. Deux qualités maîtresses la recommandent : la simplicité de la composition et la finesse de l'exécution. Dire le beau modelé du visage, l'harmonie des détails, surtout le sentiment patriotique et religieux que le ciseau de l'artiste a su donner à sa composition, c'est affirmer l'excellence d'une œuvre qui n'est plus à louer.

Le général est vu de profil ; la figure est d'une ressemblance parfaite. L'œil du général, dirigé vers l'autel, regarde au-delà de ce monde ; il vise l'éternelle récompense qui est le but de toute vie chrétienne. Sa foi est accusée par le monogramme du Christ, le chrisme placé au-dessus de sa tête, et par les deux lettres qui l'accompagnent, la première et la dernière de l'alphabet grec, l'alpha et l'oméga, dont nos pères marquaient leurs tombes pour professer leur foi en celui qu'ils saluaient comme leur principe et leur fin. Le buste du général est entouré d'un drapeau et accosté d'une branche de laurier, symbole de la gloire militaire que cet illustre soldat a conquise dans les nombreuses campagnes où s'est signalée sa valeur.

A droite du buste du général, on lit :

A LA MÉMOIRE
DE M. FÉLIX-ANTOINE APPERT,
GÉNÉRAL DE DIVISION,
COMMANDANT EN CHEF DU 17ᵉ CORPS D'ARMÉE,
AMBASSADEUR DE FRANCE EN RUSSIE,
GRAND'CROIX DE LA LÉGION D'HONNEUR,
CONSEILLER GÉNÉRAL DE LA MARNE,
NÉ A SAINT-REMY-SUR-BUSSY LE 12 JUIN 1817,
MORT A PARIS LE 12 AVRIL 1891.

Pie Jesu Domine,
Dona ei requiem sempiternam !

Placé au-dessous de cette plaque commémorative en manière de soubassement, un second marbre complète ainsi l'inscription :

LA BONTÉ ET LA DOUCEUR S'ALLIAIENT MERVEILLEUSEMENT
AVEC LA FERMETÉ ET L'ÉNERGIE CHEZ CE LOYAL SOLDAT.
UNE RARE MODESTIE RELEVAIT SON MÉRITE.
SON NOBLE DÉSINTÉRESSEMENT FORÇAIT L'ESTIME
DE CEUX QUI L'APPROCHAIENT.
SERVIR LA FRANCE FUT LA PRÉOCCUPATION DE SA VIE,
SANS QU'IL OUBLIAT JAMAIS CE QU'IL DEVAIT A DIEU.

Dans une apostille à la demande faite au Ministre de la Justice et des Cultes pour la pose du monument dans l'église de Saint-Remy, Mgr Sourrieu, évêque de Châlons, avait formulé son approbation en ces lignes si honorables pour la mémoire du général :

« Je suis très heureux de donner mon adhésion à
« l'hommage rendu, en termes si mérités, à la mémoire
« du général Appert. Ces paroles gravées sur les murs
« d'une église augmenteront l'autorité des enseignements
« du clergé quand il prêchera les devoirs du chrétien
« envers Dieu et envers la patrie. Le général Appert a
« donné l'exemple des uns et des autres, à un degré
« qui honore la Champagne où il a reçu le jour.

« † G. MARIE, év. de Châlons. »

Voici maintenant l'allocution de M. l'Archiprêtre de
Châlons.

III

*In memoriâ æternâ erit justus;
ab auditione malâ non timebit.*

La mémoire du juste sera éternelle ; il n'aura rien à craindre
de la malignité des hommes.
(Psaume CXI.)

N'est-ce point à l'homme dont nous pleurons la perte
que peuvent justement s'appliquer ces paroles du Roi-
Prophète ? Parmi vous, Mes Frères, vous les compagnons
de son enfance ou les témoins de sa vie publique, nul
n'en contestera la parfaite convenance.

Il y a quelques années, dans une visite au cimetière
du Père-Lachaise à Paris, je m'arrêtais devant la chapelle
funéraire qui s'achevait à la mémoire d'un homme d'Etat
célèbre, M. Thiers. Quatre mots latins, gravés au fron-
tispice, attirèrent surtout mon attention : *Veritatem coluit,
Patriam dilexit.* « Il a honoré la vérité, il a aimé la
patrie. » Je ne connais point d'éloge plus complet que
celui-là ; mais combien peu d'hommes le méritent !

Comment l'ancien Président de la République,
M. Thiers, a réalisé dans sa vie la belle devise renfermée
dans ces quatre mots, je n'ai pas à m'en occuper ici. Ce
que je puis affirmer, et il y a six mois je l'ai prouvé

les soins de sa digne épouse, et destiné à perpétuer sa mémoire ?

Voici, en effet, fixés à jamais sur le marbre par un éminent artiste les traits de cet illustre guerrier, qui fut, Mes Frères, la gloire de votre pays ; voici l'image de cet homme de bien placée sous vos yeux, pour que la vue vous en rappelle les vertus. L'enseignement sera de tous les instants, il vous sollicitera surtout chaque fois que vous franchirez le seuil de la maison de Dieu pour l'adorer et le prier aux jours qu'il s'est réservés.

Cette image du général n'est-elle pas bien ici, je vous le demande, ici, au milieu de ses concitoyens, ici sous les regards de Notre-Seigneur, dont elle implore, pour lui et pour vous, les divines miséricordes ?

Désormais, c'est la religion qui la protégera, c'est à ses mains vigilantes que nous la confions.

Il est de tradition dans l'Eglise de Dieu de donner l'hospitalité de ses temples à la dépouille mortelle et à l'image de ceux qui ont bien mérité de Dieu et de leur pays ; en leur ouvrant ses temples, elle obéit au plus noble des sentiments : la religion, a dit saint Augustin, nous fait un devoir du souvenir.

Nos aïeux ne l'ont point ignoré ; aussi nos églises sont-elles pleines aujourd'hui encore, après tant de révolutions, des monuments funèbres que nos pères ont érigés en l'honneur de leurs contemporains illustres, et qui, la plupart, conservent, malgré les ravages du temps et des hommes, l'empreinte des traits de ces grands hommes.

Les générations se sont succédé ; la pieuse coutume est demeurée, et nous la retrouvons partout en vigueur, non pas seulement chez nous, mais au nord, à l'est, au centre, au midi de notre Europe.

Entrez au Panthéon à Rome, dans ce temple consacré

à la gloire des saints martyrs, vous y verrez le tombeau de Raphaël ; vous y lirez l'éloge qui célèbre ce peintre immortel. A Sainte-Croix de Florence, c'est le grand poète Le Dante, c'est Michel-Ange, c'est Alfiéri et tant d'autres dont vous contemplerez les riches cénotaphes. Et sans quitter notre pays, allez à la cathédrale de Rouen : en face du magnifique monument des deux cardinaux d'Amboise, vous admirerez les superbes mausolées de deux illustres hommes de guerre, les de Brézé. Les vertus militaires sont donc honorées à l'égal des vertus civiles : nos grands capitaines peuvent se placer, sans désavantage, à côté des hommes d'Etat, des savants et des poètes ; ils partagent partout avec eux l'honneur des pierres commémoratives ; devant Dieu et la religion, ils les priment même quand ils ont été plus chrétiens.

Soyez donc ici, bon Général, au moins par votre image, au milieu de tous ceux que vous avez aimés, demeurez dans ce temple, pieux rendez-vous du chrétien. Tandis que vos concitoyens continueront à prier pour vous, si encore nos prières vous étaient nécessaires, vous, vous continuerez à nous apprendre comment le travail et l'amour du devoir assurent, avec l'honneur et la gloire, l'estime des gens de bien ; comment surtout, par la fidélité à servir Dieu, on mérite l'éternelle récompense réservée à ceux qui, à votre exemple, Général, auront su réunir à l'amour de leur pays le culte de la vérité : *Veritatem coluit, Patriam dilexit.*

Châlons, imp. Martin frères.

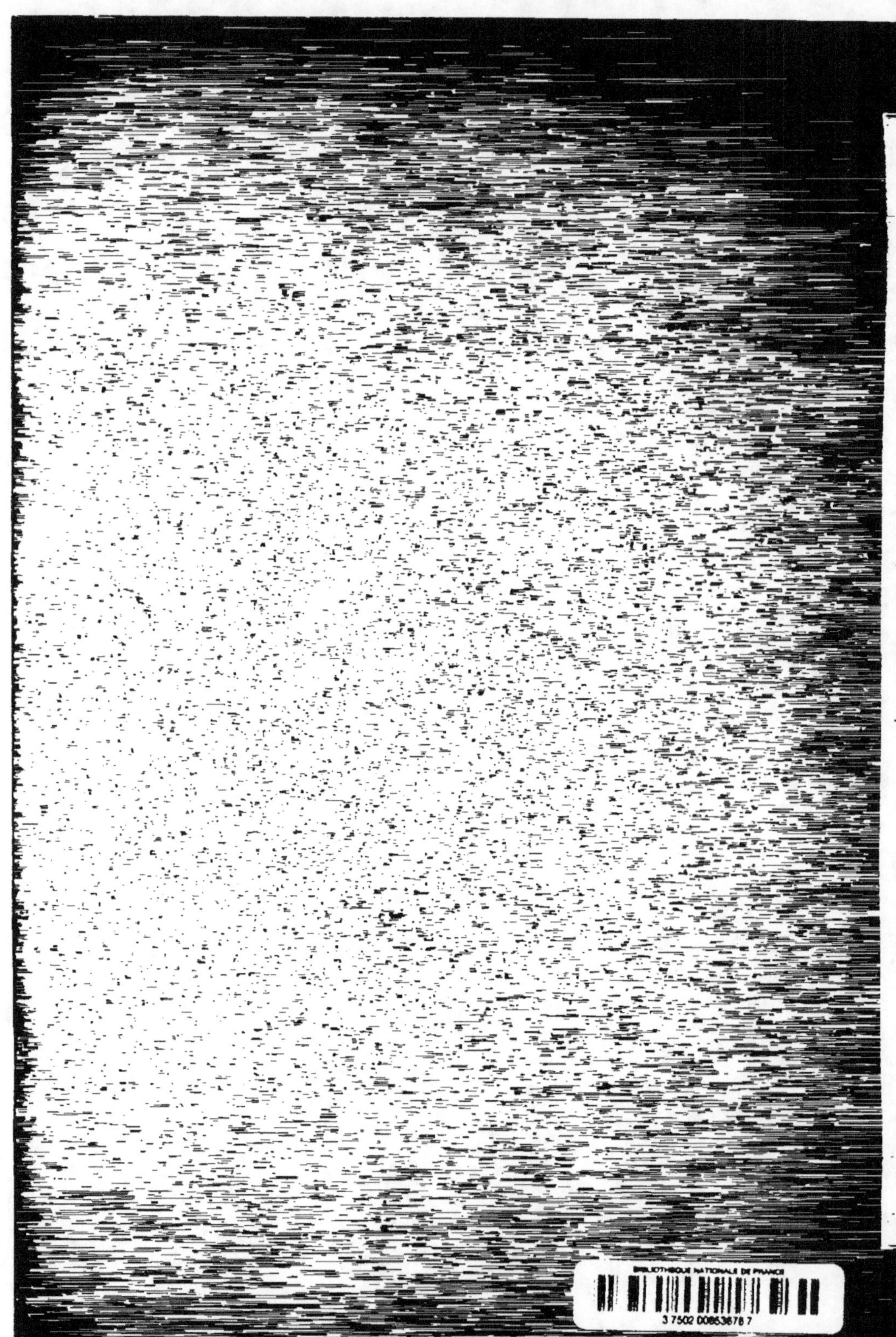